Michael Meister

Der Erfolg von Apples iTunes

I0013887

Examicus - Verlag für akademische Texte

Der Examicus Verlag mit Sitz in München hat sich auf die Veröffentlichung akademischer Texte spezialisiert.

Die Verlagswebseite www.examicus.de ist für Studenten, Hochschullehrer und andere Akademiker die ideale Plattform, ihre Fachtexte, Studienarbeiten, Abschlussarbeiten oder Dissertationen einem breiten Publikum zu präsentieren.

Dokument Nr. V186213 aus dem Examicus Verlagsprogramm

Michael Meister

Der Erfolg von Apples iTunes

Examicus Verlag

Bibliografische Information der Deutschen Nationalbibliothek: Die Deutsche Bibliothek verzeichnet diese Publikation in der Deutschen Nationalbibliografie; detaillierte bibliografische Daten sind im Internet über http://dnb.d-nb.de/ abrufbar.

Dieses Werk sowie alle darin enthaltenen einzelnen Beiträge und Abbildungen sind urheberrechtlich geschützt. Jede Verwertung, die nicht ausdrücklich vom Urheberrechtsschutz zugelassen ist, bedarf der vorherigen Zustimmung des Verlages. Das gilt insbesondere für Vervielfältigungen, Bearbeitungen, Übersetzungen, Mikroverfilmungen, Auswertungen durch Datenbanken und für die Einspeicherung und Verarbeitung in elektronische Systeme. Alle Rechte, auch die des auszugsweisen Nachdrucks, der fotomechanischen Wiedergabe (einschließlich Mikrokopie) sowie der Auswertung durch Datenbanken oder ähnliche Einrichtungen, vorbehalten.

1. Auflage 2005
Copyright © 2005 GRIN Verlag GmbH
http://www.examicus.de
Druck und Bindung: Books on Demand GmbH, Norderstedt Germany
ISBN 978-3-656-99249-3

Fachhochschule Karlsruhe

Fachbereich: Informatik
Seminararbeit im Wintersemester 2004/05

Der Erfolg von Apples iTunes

Betreut durch Prof. Dr. Uwe Haneke

Von Michael Meister

Inhaltsverzeichnis

1

Abbildungsverzeichnis

1 Einleitung

„It's so cool"

Steve Jobs [01]

"Apple hat einen guten Job gemacht, wenn man sich auf einen Shop und ein Gerät beschränkt"

Bill Gates [02]

Die Verbreitung von Musik im Internet und speziell in Tauschbörsen hat in den letzten Jahren überdimensional zugenommen. Die Phonoindustrie hat versucht, dieser Entwicklung entgegenzutreten, indem sie mit Rechtsmittel gegen die Betreiber und Nutzer dieser Tauschbörsen vorgeht. Der Erfolg ist eher dürftig.

Die hauptsächliche Ursache für den illegalen Download von Musikstücken lag bei der Musikindustrie, da es kaum kommerzielle Download-Shops gab, die legale Downloads zur Verfügung stellte. Allein in den USA benutzen 35 Millionen Internetnutzer Tauschbörsen wie Kaza oder emule, wogegen weltweite Nutzer von kommerziellen Musikdownloadangeboten bei ca. 400.000 lagen. [03]

Apple hat genau in dieser Thematik angesetzt und eröffnete am 28. April 2003 den Music-Store iTunes. Der unerwartete Erfolg von einer Million verkauften Musikstücken in nur einer Woche brachte neuen Schwung in die online-Musikwelt und mehrere Anbieter sprangen auf den Zug auf und eröffneten ebenfalls Downloadshops.

Apple erweiterte das Angebot auf die Windows-Welt und stellte ihren Dienst auch außerhalb der USA bereit. 150 Millionen Downloads weltweit feierte das Apple-Musikportal iTunes Music Store im Oktober 2004. Ein Beweis dafür, dass Anwender sehr wohl dazu bereit sind, für Musik-Downloads Geld auszugeben.[04]

Wie setzt sich iTunes von anderen Anbietern ab, was ist der Unterschied von dem iTunes Modell zu anderen Download-Stores?

Diese Arbeit stellt das Konzept von iTunes vor und geht dabei auf die Faktoren Angebot, Preisgestaltung, Benutzerfreundlichkeit und Einbindung von (Digital Right Management) DRM-Systemen ein. Diese Faktoren werden mit einigen gängigen Konkurrenz-Produkten verglichen, um die Gründe für den Erfolg von iTunes Music Stores gegenüber seinen Konkurrenten herauszustellen.

2 Client

Das Programm iTunes existiert seit 2001 für den Macintosh, um vorhandene Musikstücke abzuspielen. Diese Funktionen wurden im Laufe der Zeit immer mehr erweitert und zuletzt wurde auch der Zugang zum neuen Apple-Musikstore geöffnet. Somit bietet das Programm sehr vielfältige Funktionen, die das Computersystem mit der gewohnten Stereoanlage verbinden. Es wird die Installation von einem Client Programm benötigt, und alle folgenden Funktionen sind integriert. Anders als bei den meisten Music Stores ist iTunes fest in den Client eingebunden und nicht als Webseite aufrufbar. Dieser scheinbare Nachteil wird durch die vielen Möglichkeiten ausgeglichen, die diese Standalone-Anwendung bietet.

2.1 Funktionen

iTunes ist in erster Line ein Musikverwaltungsprogramm. Die Musikstücke lassen sich katalogisieren und in speziellen Playlists zusammenfassen und abspielen.

Es können Musik-CD's abgespielt werden, wobei die aktuellen Titel und Zeiten auf dem Player angeben werden. Diese Musik-CD kann dann auch auf Festplatte importiert und anschließend in MP3 gewandelt werden.

Abbildung 1 iTunes Playliste

Man kann direkt aus iTunes CD's oder DVD's zusammenstellen und brennen oder kopieren.

Abbildung 2 iTunes Audio-Cd brennen

Es ist ein Modul für den Empfang von Audiostreams integriert, somit ist es möglich, ohne Zusatzprogramme Radiostationen zu empfangen. Diese können in speziellen Playlists gespeichert werden und sind somit auch katalogisierbar.

iTunes bietet auch die Möglichkeit, Musikstücke, die in einem Netzwerk verteilt sind, zu verwalten.

iTunes unterstützt unterschiedliche Audioformate wie MP3, quicktime, wav, aiff etc.

Es ist eine Schnittstelle für portable Player vorhanden. Optimal unterstützt wird Apples iPod, der sich automatisch mit der iTunes Playlist synchronisiert.

Und als letzten Punkt bietet iTunes seit 2003 die Möglichkeit, Musikstücke legal zu erwerben (siehe Kapitel Music-Store).

Der iTunes Client verbindet diese Aufgaben unter einer Anwendung. Das Programm ist einfach zu bedienen und bietet alle notwendigen Funktionen in professioneller Qualität.

2.2 Oberfläche

Die Oberfläche ist in dem typischen, innovativen Apple-Macintosh-Style gehalten. Wie auch schon bei vielen anderen Anwendungen versuchen die Entwickler, dem Schema vom intuitiv Verstehen und Nachvollziehen gerecht zu werden.

Bei einem Test verschiedenster Music-Online-Shops fand man heraus, dass iTunes-Store sich durch besondere komfortable Bedienbarkeit auszeichnete, diese wurde von den Testern intuitiv verstanden. Der große Pluspunkt von iTunes sei in den Augen der Kunden die gute Navigation und das einfache Abspielen der ausgewählten Musikstücke; diese Kriterien wurden mit sehr gut bis gut bewertet, ebenso die optische Gestaltung der Webseiten. [05]

Die einfache Handhabung wurde auch von Sarah McLachlan bestätigt: "I'm a complete computer dummy, if I can use this, anyone can."[06]

Die Grafische Benutzeroberfläche funktioniert so gut, dass sich die Apple-Entwickler ein Patent dafür geholt haben. [07]

3 Music Store

3.1 Konzept

"Unsere Überzeugung ist: Der Großteil der Menschen ist ehrlich. Die illegalen File-Sharing-Dienste sind vor allem deswegen aufgeblüht, weil es keine elegante legale Alternative gab. Wir denken aber, dass sie legale Services immer bevorzugen werden, wenn man ihnen einen Mehrwert gibt, eine gute Auswahl an Musik, und schnelle Downloads in guter Qualität." Peter Lowe, Apple-Marketing. [08]

Eines der wichtigsten Punkte ist das große Angebot. Steve Jobs hat alle fünf Major Labels[1] und alle wichtigen Indie-Plattenfirmen für den Music-Store gewinnen können; dadurch stehen seit April 2004 mehr als 750.000 Lieder aus allen Bereichen, u. a. Classic, Rock, Pop, Rap, Jazz, New Age, Hörbüchern zum Download zur Verfügung. Es wird ein Pauschalpreis von 0,99 Cent pro Titel und durchschnittlich 9,99 € pro Album erhoben.[09]

Diese übersichtliche, einheitliche Preis-Gestaltung vereinfacht es dem Kunden. Es wird keine Grundgebühr oder Abo-Verträge angeboten, nur die tatsächlichen Titel müssen bezahlt werden. Bei anderen Anbietern werden die Titel nach Aktualität oder Bundels preislich gestaffelt.

Die Titel werden mit einem 128kBit/s codierten Advanced Audio Codec (AAC) (siehe Kapitel AAC) MPEG4 Dateiformat geliefert. In dieses Format ist ein DRM eingebettet (siehe Kapitel DRM). Der Download nutzt die komplette Bandbreite und sichert so eine schnelle Ladegeschwindigkeit. Die Bezahlung erfolgt über Kreditkarte, nachdem man sich registriert hat.

---

[1] Unter den Major Lables versteht man: Universal, BMG, EMI, Sony Music und Warner Music

Der iTunes Music Store nutzt die Schwächen der Musiktauschbörse aus, indem er die Echtheit der Datei, einen schnellen Download und eine gehobene AAC-Klangqualität garantiert und über ein benutzerfreundlich gestaltetes System zugänglich macht. Der niedrige Einheitspreis, ein integriertes Albumcover, ID3-Tags, das Angebot von exklusiven Musiktiteln (wie z.b. U2 im November 2004) und moderate DRM-Bedingungen sind ebenfalls Pluspunkte.

3.2 Online Vertrieb

Die großen Major-Labels der Musikbranche versuchten, den meist illegalen online-Handel mit juristischen Maßnahmen zu unterbinden. Zu spät haben sie erkannt, dass es möglich ist, einen neuen Vertriebsweg zu erschließen. Alle fünf Major-Labels verfolgten verschiedene Strategien in der online Vermarktung, so dass es zu großen Schwierigkeiten kam, wenn es darum ging, alle unter einen Hut zu bekommen. Der Kunde muss wissen, unter welchem Label der Künstler seinen Titel veröffentlicht und sich dann den dazu passenden Online-Store suchen. Ebenso hat meinst jedes Label ein eigenes Konzept, wie mit dem DRM umzugehen ist. Dies erschwert den Betreibern eines Online-Music-Stores, dem Kunden ein vielfältiges und aktuelles Angebot bieten zu können. Die angebotenen Dateiformate können je nach Shop variieren und auch der Einsatzbereich kann je nach DRM-Recht sehr eingeschränkt sein, z. B. auf einen bestimmten Rechner gebunden, kann nur zweimal gebrannt werden. Angesichts der unhandlichen und unübersichtlichen DRM-Restriktionen, hoher Verkaufspreise und einem eingeschränkten Angebot ist es nicht verwunderlich, das sich Online-Music-Stores in den letzten Jahren nicht gegen die Angebote der Musiktauschbörsen durchsetzen konnten.

3.3 Digital Right Management (DRM)

Digital Right Management, abgekürzt als **DRM**, ist ein Verfahren, mit dem die Urheberrechte an geistigem Eigentum, vor allem an Film- und Tonaufnahmen, aber auch an Software, auf elektronischen Datenverarbeitungsanlagen gewahrt

bleiben und Raubkopien verhindert sowie Abrechnungsmöglichkeiten für Lizenzen und Rechte geschaffen werden sollen. [10]

DRM-Systeme bestehen aus einer Verknüpfung von technischen Komponenten und einer speziellen Anwendungsebene. DRM-Systeme verwirklichen die Idee der zentralen Kontrolle digitaler Inhalte durch kryptografische Verfahren. Realisiert wird dies, indem ein beliebiger digitaler Inhalt eindeutig an ein beliebiges Gerät und/oder Datenträger auf einzigartige Weise kryptografisch gebunden wird. Ohne den entsprechenden Schlüssel für den digitalen Inhalt vom Rechteinhaber ausgehändigt zu bekommen, kann der Benutzer zwar das Gerät oder den Datenträger erwerben - jedoch nicht auf den Inhalt zugreifen. DRM-Systeme werden zur Wahrung und Durchsetzung von Wünschen eines Rechteinhabers technisch so konzipiert, dass ein Schlüsselaustausch ohne Einflussnahme des Benutzers für jedes einzelne Gerät vorgenommen werden kann. [11]

Apples DRM nennt sich FairPlay. Die Beschränkungen sind im Vergleich zu anderen Online-Shops sehr kundenfreundlich. Für den Kunden ergeben sich kaum Möglichkeiten, die ihn im privaten Bereich zu stark einschränken; z. B. können nur 10 CD's mit identischer Titelreihenfolge gebrannt werden. Wird die Reihenfolge geändert, können weitere CD's erstellt werden.

Die gekauften Titel sind an bestimmte Rechner gebunden. Der erste Rechner wird beim Kauf automatisch registriert. Möchte man den Titel an einem anderen Rechner wiedergeben, muss dieser eine Autorisation über das Internet vornehmen. Diese Dateien werden dann mit den Daten, die auf dem Apple-Zentralserver hinterlegt sind, verglichen. Es können drei Rechner autorisiert werden. Diese Autorisation kann auf den jeweiligen Rechnern wieder deaktiviert und auf einen anderen Rechner übertragen werden. Die Drei-Rechner-Nutzung ist auch im Netzwerk bindend.

Alle Music Store Titel lassen sich beliebig oft auf unterschiedliche iPods übertragen und dort abspielen. Die erworbenen Titel können direkt in iTunes - nicht in andere Datenformate - konvertiert werden; allerdings lassen sich die Musikstücke als Audio-CD brennen. Diese enthalten keinen Kopierschutz und

können dann über die Importfunktion als MP3 ohne DRM-System wieder importiert werden.

Dieser sehr großzügige DRM-Standard gibt dem Kunden die Freiheit, die Musikstücke auch ohne technisches Wissen normal zu nutzen. Andere DRM-Arten sind sehr streng, was das Nutzen auf mehreren Rechner oder Kopieren betrifft.

3.4 Bezahlsysteme

Um die Musikstücke zu bezahlen und anschließend herunterzuladen, gibt es verschiedene Ansätze. Oberstes Kriterium ist die Sicherheit, damit Daten nicht an Dritte gelangen können. Ein weiterer Aspekt ist die Vielfältigkeit, mit der der Kunde seine Artikel bezahlen kann. Es werden die gängigen Methoden vorgestellt.

Weltweit ist die Kreditkarte als Bezahlform im Internet am meisten verbreitet. 56,1 Prozent der Käufer im Internet nutzen diese Form der Bezahlung. [12]

Dabei wird die Kartennummer und eine Geheimzahl hinterlegt und der Anbieter kann die ausstehenden Beträge von dem Kreditkartenkonto abbuchen. Dabei muss vor allem bei der Übertragung der sensiblen Daten auf hohe Sicherheit geachtet werden.

Firstgate konzentriert sich mit seiner Lösung Click&Buy auf die Abrechnung kostenpflichtiger Web-Inhalte. Entsprechende Seiten sind nur dann abrufbar, wenn sich der zuvor bei Click&Buy angemeldete Kunde mit der Zahlung eines frei definierbaren Betrages einverstanden erklärt. Abgerechnet wird per Lastschrift oder Kreditkarte; eine eigene Software ist weder für den Käufer noch für den Verkäufer nötig. Die Abrechnung erfolgt über den Firstgate-Server. Für den Bezahlungsvorgang muss man das von Firstgate generierte Login verwenden.[13]

Vielseitig zeigt sich das Bezahlsystem der Telekom mit dem Namen T-Pay. Gezahlt werden kann über die Telekom-Rechnung, mit der Guthabenkarte von T-Pay, per Lastschrift oder mit Kreditkarte. [14] Die ebenfalls mögliche Zahlart 'Pay by Call' setzt noch nicht einmal eine vorherige Anmeldung voraus, allerdings muss parallel zur Onlineverbindung eine Telefonleitung frei sein. Integriert in T-Pay ist auch die Bezahlart Micromoney, die auf Guthabenbasis funktioniert und für Kleinbeträge bis maximal 15 Euro gedacht ist. Anbieter, die T-Pay Bezahldienst auf ihrer Website integrieren, können die für sie interessanten Abrechnungsarten auswählen. [15]

Als Prepaid-Karte ist die Paysafecard ausgelegt. Der Kunde erwirbt in einer der Verkaufsstellen eine Guthabenkarte im Wert von bis zu 100 Euro. Die Zahlung im Webshop wird anschließend mit Kartenpin und Passwort anonym abgewickelt, ein Kartenleser ist nicht nötig. Da sich mehrere Karten kombinieren lassen, sind Zahlungen von einem Cent bis zu 1.000 Euro möglich. Für Jugendliche gibt es eine Kartenvariante, die den Zugang zu nicht jugendfreien Websites mit diesem Abrechnungssystem blockiert.[16]

Beim klassischen Bankeinzug hinterlässt man bei dem Anbieter Kontonummer und Bankleitzahl und willigt ein, dass der Betreiber des Shops die ausstehenden Beträge von dem Konto abbuchen darf .

Eine weitere Variante, die nicht explizit ein Bezahlsystem darstellt, ist der Gutschein, der einem Nutzer zur Verfügung gestellt wird. Meist über einen Gutschein-Pin. Der Gutschein wird zuvor mit einem der oben genannten Bezahlsysteme erworben und dann über eine e-mail zum Empfänger weitergeleitet.

3.5 Katalog

Der Katalog eines Musik-Stores ist das Aushängeschild für den Kunden und erweckt den Eindruck von Qualität, obwohl man nicht vom Katalog auf die Qualität der hinterlegten Stücke schließen kann.

Das große Problem besteht darin, alle Künstler unter ein Dach zu bringen. Wie oben schon erwähnt wird der Musikmarkt von fünf großen Musik-Labels und sehr vielen kleinen Independent-Labels aufgeteilt. Jedes Label hat eigene Richtlinien für Vertrieb und Vermarktung Ihrer Produkte. Um einen großen umfassenden Katalog anbieten zu können muss man mit den einzelnen Labels unter Umständen verschiedene Verträge abschließen, was die Vermarktung der Artikel in einem Shop mit anderen Artikeln erschweren würde. Oder man findet Ansätze, die alle Labels unterstützen. Steve Jobs scheint es gelungen zu sein, alle Labels mit dem „FairPlay" DRM-Konzept überzeugt zu haben. Der Katalog von iTunes umfasst zur Zeit 700.000 Titel und soll in naher Zukunft auf eine Million Songtitel ausgebaut werden. [17]

3.6 Qualität

Entscheidend für hohe Downloadzahlen ist die Qualität der gekauften Musikstücke. Der Kunde wird lieber mehr Geld ausgeben, wenn die Qualität den gewünschten Bedürfnissen entspricht als billige aber qualitativ schlechte Downloads. Da aber auch ein Zusammenhang von Dateigröße, Format und Komprimierung Einfluss auf die Qualität besitzt, muss sich der Kunde vergewissern, was er für sein Geld einkauft.

Um die Datenmenge gering zu halten, werden die Musikstücke komprimiert, meist in den Formaten MP3, AAC und WMA. Die Formate müssen neben den Tondaten auch noch die Daten für das DRM enthalten. Für den iTunes-Music-Store liegen die Daten im MPEG-4 AAC-Format codiert vor, mit einer Auflösung von 128kBit/s und einer Samplingrate von 44,1kHz, das dem der CD-Qualität nahe kommt. Allerdings werden bei einer verlustbehafteten Kompression, wie es auch im ACC-Format vorgenommen wird, bestimmte Frequenzbereiche

beschnitten. Dadurch werden Informationen irreparabel entfernt. Die Breite und Tiefe der Aufnahmen und die Lebendigkeit von Stimmen leiden ebenso wie die Tiefenstaffelung von Instrumenten im Raum. Auf den kleinen Abspielgeräten für unterwegs lassen sich solche Einbußen kaum hören. [18]

4 Konkurrenz-Shops

Es erfolgt eine ausführliche Präsentation und Analyse ausgewählter und bedeutender Internetplattformen der deutschen Musikindustrie, die dazu dienen, Musik online zu vertreiben und als legale Geschäftsmodelle in den Markt drängen.

Zu Beginn wird jede Plattform in Ihrer Funktionalität und Ihrer Darstellungsform kurz vorgestellt. Danach erfolgt eine kritische Beurteilung und ein Ausblick auf die Grundlage der Gegenüberstellung von Vor- und Nachteilen. Es wird eine kurze Einschätzung der entstehenden Kosten für den Endkonsumenten gegeben.

4.1 Musicload

Musicload geht über den Begriff einer reinen Downloadplattform hinaus und kombiniert sein Angebot mit einem Musikmagazin mit redaktionellen Beiträgen und einer umfangreichen Community. Kostenlose Streams mit der Länge von 30sec, die personalisierte Hilfestellung durch sog. „Wizards" sowie eine Guided Tour runden das Angebotsspektrum ab.

Die technische Umsetzung und das Hosting erfolgt durch die T-Online Tochter Atrada. Der Katalog von Musicload umfasst wie bei iTunes die fünf großen Major-Labels und ist somit auch sehr umfangreich. Die Preise liegen hier zwischen 0,99 € und 1,79 € je Titel, was von der Aktualität des jeweiligen Musikstücks abhängt. Ein großer Vorteil liegt in der großen Anzahl verschiedener Bezahlmöglichkeiten. Der Kunde kann zwischen Kreditkarte, Gutschein oder Telefonrechnung wählen. Die Übertragung der Daten erfolgt dabei mit einer verschlüsselten Verbindung.

Abbildung 3 Musicload

Im Februar 2004 konnte T-Online zudem einen wichtigen Partner mit der RTL-Tochterfima RTL Newmedia gewinnen, der nun das Portal auf seiner stark frequentierten Webseite www.rtlmusik.de mit einbindet. Laut neuestem Test der Computerzeitschrift PC Professionell lagen die Verkaufszahlen von Musicload im September 2004 knapp vor iTunes, wobei der Shop insgesamt knapp hinter iTunes abschneidet und somit iTunes größter Konkurrent in Deutschland ist. [19]

Musicload konnte seinen Marktanteil immer weiter ausbauen und seine Verkaufszahlen, laut Media Control, vom August von 250.000 Titel über den September mit 340.000 auf 910.000 im Oktober vervielfachen. Das Unternehmen hält nun einen Marktanteil von 55% und verkauft die meisten Titel in Deutschland. [29, 30]

4.2 Popfile

Universal Music in Zusammenarbeit mit der Deutschen Telekom AG als Projektpartner unter dem Namen popfile.de ist eines der ersten kostenpflichtigen Musikdownload-Angebote. Zur Zeit befinden sich rund 20.000 Titel auf popfile.de. Möchte der Kunde gerne Musik downloaden, so muss er sich auch hier zunächst registrieren. Zur Bezahlung stehen - wie bei Musicload - mehrere Verfahren zur Auswahl. Über eine Prepaid-Hotline (1,24 € pro Minute + 0,07 € je SMS) gibt der Nutzer per Anruf an, wie viele Songs er downloaden möchte. Per SMS erhält er dann einen Download-Code, den er bei der Bestellung eingibt. Des Weiteren kann man mit PayByCall, Lastschrift, Kreditkarte, Micromoney und per Telekomrechnung bezahlen. [20]

Anders als bei iTunes können hier die Titel nach erfolgter Registrierung direkt aus dem Portal geladen werden. Die Dateien werden im WMA-Format mit der Datenrate 192 kBit/Sek und im MP3-Standard codiert. Durch Verwendung eines Encodierungs-Verfahren entspricht die Klangqualität nahezu dem gewohnten CD-Sound.

Das von popfile verwendete MP3-Format ist kompatibel zum WMA-Format (Windows Media Audio). Tracks können auf Wunsch in das WMA-Format gewandelt werden, um sie z. B. zu einer bestehenden Musiksammlung hinzuzufügen. Allerdings werden die Dateien gemäß den Käuferdaten mit einem individuellen digitalen Wasserzeichen versehen, das eine Nachverfolgung im Missbrauchsfalle (z.B. Anbieter auf Musiktauschbörsen) zulässt. Der Preis pro Titel beträgt z. Zt. noch standardmäßig 0,99 €. In Zukunft soll jedoch eine Differenzierung erfolgen, so dass die Preise sich dann zwischen 0,50 € und 5 € bewegen werden.

Abbildung 4 Popfile

Das Angebot ist mit ca. 20.000 Titeln viel zu klein bzw. eher dürftig und kann dem vielfältigen Katalog von Musicload oder iTunes kaum Konkurrenz machen.

4.3 OD2/Hotvison

Der vom britischen Musiker Peter Gabriel gegründete Business-to-Business Anbieter OD2 (On Demand Distribution) verfügt über eine eigene Distributionsplattform und durch Lizenzverträge mit allen fünf Major-Labels über eine umfangreiche Datenbank mit insgesamt 200.000 Musiktiteln im Microsoft WMA-Format. OD2 fokussiert sich auf den europäischen Raum und wird in Deutschland von den Resellern Media Markt, WOM, Karstadt, Tiscali und MTV eingesetzt. Am Beispiel des zur Mediamarkt-Saturn-Gruppe gehörenden Online-Music-Stores Hotvision wird im Folgenden das Angebot von OD2

betrachtet. Das Angebot beläuft sich auf ca. 200.000 Musiktitel, die in einem mit 128 kBit/s codierten WMA-Format vorliegen.

Abbildung 5 Hotvision

Auch bei Hotvision werden die Musiktitel nicht über ein Abonnement sondern einzeln zum Kauf angeboten. Die Preise variieren zwischen 0,59 € und 2,39 € pro Musikstück, wobei nur teils Rechte zum Brennen der Titel in dem Preis enthalten sind und ansonsten zusätzlich Gebühren anfallen. Bezahlen können Hotvision-Kunden mittlerweile nur noch über Firstgate. Nach der Anmeldung beim Dienstleister kann per Lastschrift oder Kreditkarte abgerechnet werden. OD2 nutzt beim Digital-Rights-Management die Möglichkeiten des WMA-Dateiformats von Microsoft, so dass die erworbenen Musikstücke nur auf dem für sie freigegebenen Windows-Media-Player abspielbar sind. Neben der Hauptlizenz erhält der Käufer vier zusätzliche Lizenzen zum Freischalten an weiteren Computern, ähnlich dem iTunes-Music-Store. Die Übertragbarkeit der Musiktitel auf portable MP3-Player oder die Anzahl der erlaubten

Brennvorgänge auf einer CD-R hängen von den individuellen Rechten an den verschiedenen Titeln ab und gestalten sich für den Kunden unübersichtlich.

Die Benutzerfreundlichkeit des Hotvision-Music-Store ist schlecht. Zwar existiert eine Suchfunktion nach Künstler, Titel und Genre, aber Suchergebnisse werden ausschließlich als alphabetische Liste ausgegeben. Eine Bündelung nach Alben oder ähnliches existiert nicht und bis zum Download eines Musiktitels bedarf es mit 15 Klicks des Kunden deutlich zu lange. [70]

Auch ein automatisches Vorschlagsystem zur Unterstützung des Kunden bei der Suche existiert nicht. Zum Vorhören der Musikstücke werden 30-Sekunden-Ausschnitte angeboten, bei denen aber die Klangqualität auf inakzeptable 32 kBit/s beschränkt ist. Die Musikdateien verfügen zwar über ID-Tags für den Windows Media Player, aber weiterer Mehrwert, zum Beispiel in Form von Albumcovern, wird nicht geboten. [21]

5 Technik

Der Vorteil digitaler Musik ist, dass sie direkt zum Online-Käufer über das Internet geleitet werden kann. Zudem wird sie in einem komprimierten Format übertragen und gespeichert. Genau diese beiden Vorteile fördern aber auch eine einfache und unkontrollierbare illegale Weitergabe der digitalen Musik vom Erstkäufer an weitere Nutzer. Das Internet bietet dabei die Plattform, mit anderen Musiksammlern zu kommunizieren, um weit über seinen sonstigen Freundeskreis hinaus Musik auszutauschen.

Es wurde ein Verfahren entwickelt, das die Kompression mit einem Schutz gegen illegales Kopieren vorsieht.

5.1 AAC und DRM

5.1.1 ACC

Der Codec AAC ("Advanced Audio Coding") wurde bereits 1997 in den MPEG-2-Standard aufgenommen, nachdem das von der ISO/MPEG standardisierte MPEG-2 in den Audiocoder-Standard integriert worden war. Mit der Einführung von MPEG-4 wurde AAC dann um so genannte "MPEG-4-Tools" erweitert. Nicht jede Implementierung von AAC unterstützt jedoch die MPEG-4-Erweiterungen. Deshalb wird teilweise, je nach Entwicklungsstand, zwischen MPEG-2 AAC" und "MPEG-4 AAC" unterschieden. AAC wurde vom Fraunhofer Institut für Integrierte Schaltungen entwickelt und von Anfang an als Nachfolger von MP3 eingeführt mit dem erklärten Ziel, insbesondere im Internet MP3 als Standard abzulösen. Das Hauptziel bei der Entwicklung von AAC bestand darin, eine effiziente Komprimierungsmethode für 5.1-Kanal Surround-Signale einzubinden. MPEG-2 bietet dazu die ideale Grundlage, denn die dazu erforderlichen Algorithmen sind im MPEG-2-Standard bereits eingearbeitet.

Dies geschah, nachdem das Fraunhofer Institut MPEG-2 zur Grundlage seines damals neuen Komprimierungsverfahrens ACC auserkoren hatte.

AAC komprimiert Musikdaten um den Faktor 16 (zum Vergleich: MP3 komprimiert im Faktor 12) und nutzt dabei erheblich verbesserte Fehlerkorrektur-Algorithmen bei Samplingraten von 8 bis 96 kHz. Der AAC-Encoder verfügt über eine Reihe neuer Leistungsmerkmale wie z.b. LTP (Long Term Prediction), PNS (Perceptual Noise Substitution) und TNS (Temporal Noise Shaping), die alle im Wesentlichen das Ziel verfolgen, die Bitrate in feineren Schritten abzusenken und dabei keine oder nur unwesentliche Qualitätsverluste der Musik in Kauf nehmen zu müssen.

Zwischenzeitlich versteht man unter AAC jedoch im Allgemeinen den AAC-Soundcodec innerhalb des MPEG 4-Formats (also MPEG4-AAC). Das standardisierte MPEG-4-Format ist wohl besonders zukunftsträchtig und wird bereits in manchen Digitalvideokameras als Aufnahmeformat eingesetzt, erlaubt extreme Datenkomprimierung bei guter Videoqualität, ist streamingfähig und dabei gut skalierbar, d. h., je nach Verbindungsqualität wird automatisch die höchstmögliche Qualität eingestellt, bei schwankender Verbindungsbandbreite wird automatisch die Qualität nachgeregelt. Wenn Tondateien als MP4 bezeichnet werden, versteckt sich also in der Regel MP4-AAC dahinter, Analoges gilt, wenn AAC ohne weitere Ergänzungen geführt wird. MP4-AAC ist ebenfalls skalierbar, über drahtlose Verbindungen vermittelbar und streamingfähig. [22]

Etliche moderne MP3-Spieler (z.B. Apples iPod) können auch AAC-Daten abspielen. iTunes 4 kann von/nach AAC konvertieren und abspielen. Auch QuicktimePro kann entsprechend konvertieren und abspielen.

Vorteile von AAC:

- Bei gleicher Datengröße bessere Qualität als MP3

- Gleiche Qualität bei deutlich kleinerer Datengröße bei gleicher Qualität wie MP3 (Datenrate bei 96 kbps für AAC qualitativ nicht von MP3 mit 128 kbps-Datenrate unterscheidbar. AAC-Sound mit 128 kbps (Stereo) ist qualitativ fast nicht von unkomprimiertem Ausgangsmaterial unterscheidbar).

- Hohe Qualität bereits bei niedrigen Datenraten (64 kbps)

- Multikanal-Audio möglich, bis zu 48 Frequenzen in einer Datei abspeicherbar.

- Hohe sampling-Raten möglich: bis zu 96 kHz.

- Schnellere Codierung als bei MP3, d. h., Zeitersparnis beim Codieren.

- Leichtere Decodierung, d.h., weniger leistungsfähige Abspielgeräte nötig.

5.1.2 DRM

Technologien zur Sicherung digitaler Musikdaten

Zur Sicherung eines digitalen Musikdistributionssystems existieren vier aufeinander aufbauende Technologiebereiche. Digitale Wasserzeichen markieren digitale Musikdaten und liefern Informationen über die zulässige Nutzung der übertragenen Musik. Verschlüsselungsverfahren bieten eine Zugriffskontrolle auf die Musikdaten. Diese wird in Abhängigkeit von der in einem digitalen Wasserzeichen beschriebenen Nutzungsbedingung dem Empfänger der Musikdaten gewährt. Um digitale Musik außerhalb des Computers zu nutzen, muss diese auf ein digitales Wiedergabegerät und Speichermedium transferiert werden. Dabei sollen die Sicherungsmechanismen durchgängig beibehalten werden und eine unberechtigte Verbreitung mit anderen Speichermedien verhindert werden. Auf diesen grundlegenden

Technologien basieren Managementsysteme für die Überwachung und Vergütung von digitaler Musiknutzung im Internet.

5.1.2.1 Digitale Wasserzeichen

Ein digitales Wasserzeichen ist eine in einem Musiksignal versteckte Information, die bei ihrer normalen Nutzung bzw. bei der Musikwiedergabe nicht bemerkt wird. Sie werden vor der Übertragung über das Internet in die Musikdaten encodiert und können bei der Musiknutzung als zusätzliche Informationen ausgelesen werden:

Diese versteckten Informationen sind die Grundlage für den Einsatz weiterer Sicherungstechnologien. In Wasserzeichen können mehrere Arten von Informationen enthalten sein. Dies können Informationen über den Urheber der Musik, den Musikhersteller, den Musikanbieter oder Informationen über das Musikstück selber sein.

Das Wasserzeichen kann auch über die Nutzungsrechte der Musik Auskunft geben. Anhand des Wasserzeichens kann ein Benutzer dann erkennen, ob er Musik weitergeben darf und ob er illegale Musik erhalten hat. Neben der Information über den Musikanbieter der Musik können im Wasserzeichen die Käuferdaten, ähnlich einem persönlichen Fingerabdruck, mit encodiert werden. Dies schützt die Musik nicht vor einer unberechtigten Vervielfältigung, aber so kann der Urheber eine illegale Verbreitung identifizieren und eine potentielle illegale Nutzung von Musik gehemmt werden.

Neben diesen Informationen bieten Wasserzeichen grundlegende Informationen, wie und unter welchen Bedingungen Verschlüsselungssysteme einen Zugang zur codierten Musik zulassen. Im Watermark kann festgelegt werden, wie oft ein Musikfile, bis zu welchem Datum genutzt, kopiert oder auf welchem Gerätetyp er abgespielt werden kann.

Eine Anforderung an ein digitales Wasserzeichen ist seine Robustheit gegen Löschversuche. Ein Wasserzeichen darf nicht durch Ausschneiden, Kopieren, Änderungen des Musikformates, analoges Überspielen oder Kompression der

Musikdaten verloren gehen oder bewußt zerstört werden können. Wasserzeichen verteilen die Informationen in Bereiche der Musik, die durch das menschliche Gehör nicht wahrgenommen werden können. Die Daten des Wasserzeichens werden dabei durch eine Zeit-Frequenz-Modulation auf das gesamte Musiksignal und über das gesamte Frequenzspektrum der Musik verteilt. Wasserzeichen müssen dann so mit den Musikdaten verknüpft sein, dass eine Entfernung oder Veränderung die Musik selbst zerstört und somit Programme zur Entfernung eines Wasserzeichens nicht wirksam sind. Wasserzeichen bilden neben der Verschlüsselung von Musik einen zusätzlichen Schutz, der auch dann bestehen bleibt, wenn die Verschlüsselung einer Musikdatei entfernt wurde. [23]

5.1.2.2 Verschlüsselung und Zugangskontrolle

Die Grundüberlegung der Verschlüsselung und Zugangskontrolle ist es, festlegen zu können, wie und von wem die Musikdaten genutzt werden, die bei den digitalen Music-Stores im Internet verbreitet werden. Mit Vorgaben aus dem Wasserzeichen kann der Zugriff, z.B. gemäß einer bestimmten Nutzungsdauer, Häufigkeit oder nur mit einem bestimmten Gerät erlaubt werden.

Je nach Art der Nutzung der digitalen Musik und der sich daraus ergebenden Sicherungsanforderung existieren verschiedene Sicherungsmodelle. Alle Sicherungsmodelle basieren zunächst auf einer Verschlüsselung der mit einem Wasserzeichen versehenen Musikdaten. Es entsteht ein sicherer Umschlag, der nur mit einem bei der Codierung generierten Schlüssel wieder decodiert, bzw. geöffnet werden kann. Nach dem Einfügen des Wasserzeichens wird die Musik komprimiert und verschlüsselt, so dass ein sicherer Umschlag für die Music Stores entsteht.

Die im Umschlag codierten Musikdaten werden zusammen mit ihrem Schlüssel in einer Musikdatenbank gespeichert. Bei einem Musikkauf werden dem Käufer der Schlüssel und der gesicherte Umschlag mit der digitalen Musik dann getrennt zugesendet.

Der Musikkäufer hat nun mit dem Musik-Schlüssel, seiner Lizenz, das Recht, die digitale Musik zu nutzen. Die verschlüsselte Musik wird dabei nie decodiert und in einem unsicheren Musikformat abgespeichert. Um die Musik anhören zu können, braucht der Käufer einen Music-Player (Hard- oder Software), der mit Hilfe des Schlüssels die Musik decodieren und abspielen kann.

Durch Nutzungsbestimmungen im Wasserzeichen können die Funktionen des Music-Players genau bestimmt und gesteuert werden. Bei einigen Sicherungs- und Distributionsmodellen erlaubt die Musik- und Sicherungssoftware das einmalige Brennen der Musikdaten auf eine Audio- CD-R oder erlaubt die Möglichkeit, Musik auf einen portablen Player zu überspielen.

5.2 Schnittstelle iPod

Der tragbare Player iPod besitzt die Möglichkeit, über Firewire oder USB mit dem Rechner, auf dem iTunes installiert ist, zu kommunizieren.

iTunes erkennt den iPod als zusätzlichen Eintrag in der Quellliste. Es können nun Playlisten für den iPod angelgt werden, und somit werden auch die Musikstücke über die Verbindung auf den Pod übertragen. Das Programm iTunes erkennt den Player als eigenständiges Laufwerk und synchronisiert sich mit der Hardware. Dieses einmalige Konzept verschweißt die iTunes mit dem iPod. Kein Anderer Anbieter bietet ein ähnliches Konzept.

6 Wirtschaftlichkeit

Wie unterscheidet sich der Online-Vertrieb von dem klassischen Vertrieb und wie teilen sich die Kosten und die Gewinne dabei auf? Ist das Preismodell von den großen Shops iTunes oder Musicload, Songs für 0,99 € bis 1,50 € anzubieten wirtschaftlich und profitabel? Verkürzt sich die Wertschöpfungskette gegenüber der traditionellen Vermarktung?

6.1 Wertschöpfungsstruktur

Die Wertschöpfungsstrukturen der Phonoindustrie unterliegen mit der Online-Distribution von Musik in Dateiformaten massiven Änderungen. In weiten Teilen der Bevölkerung wird angenommen, dass durch den Online-Vertrieb der Verkaufspreis für Musik drastisch sinken müsste, da die Kosten für die Herstellung des Tonträgers und die Händlermarge entfallen und Musikdateien über kein Booklet verfügen und eine schlechtere Audioqualität haben.

Um ein genaueres Bild von einem Unternehmen der Musikbranche zu bekommen, schauen wir uns zunächst einmal die allgemeinen Wertschöpfungsaktivitäten im Musikgeschäft an: [24]

Abbildung 6 Wertschöpfungsaktivitäten bei Musik

Eine Idee wird dabei mit einem Inhalt versehen und als Song durch Aufnehmen und Mischen zu einem Produkt. Dieses Produkt kann nun vervielfältigt und vertrieben werden, so dass der Endkonsument die fertige CD kaufen kann.

6.1.1 Traditionelle Musikindustrie

Beispielhaft sind hier die anteiligen Kosten einer CD aufgeführt, die im Laden für 15 Euro verkauft wird.

Nach Abzug von Mehrwertsteuer und Händlermarge verbleibt ein Handelsabgabepreis von ca. 10 Euro, der die Basis für die Anteile von Label, GEMA, Künstlern, Herstellung und Vertrieb darstellt. Nur ca. 15 Prozent des Endpreises werden über Label oder GEMA an die beteiligten Künstler (Interpret, Komponist, Texter, Produzent) abgegeben.

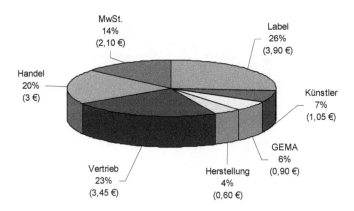

Abbildung 7 Verteilung der Beträge

Etwa 26 Prozent verbleiben den Labels zur Deckung von Produktions- und Marketing-Kosten, wobei die CD-Produktion eine Mischkalkulation ist: Eine CD die schwach am Markt ankam, müsste für einen wesentlich höheren Preis verkauft werden, um die Einspielkosten auszugleichen. Dieses wird durch hohe

Verkäufe anderer CD-Produktionen ausgeglichen. Die GEMA verlangt 9,009 Prozent vom Handelsabgabepreis. Die Herstellung der CD und des Covers fällt mit ca. einem Euro an. [25]

6.1.2 iTunes Music Store

Was ändert sich mit dem Online-Vertrieb? Die Produktion des Datenträgers, der Drucksachen und der Verpackung entfällt. Der physische Vertrieb findet nicht statt. Anders als beim physischen Verkauf braucht man sich nicht um Lagerhaltung, Räumlichkeiten und Verkaufspersonal zu kümmern.

Bei hohen Verkaufszahlen würde sich der Gewinn erhöhen. Apple ist auf dem besten Weg, auch die europäischen iTunes Music Stores zum Dauerbrenner aufzuwerten. In der 26. Kalenderwoche 2004 haben die Kunden mehr digitale als physische Singles gekauft. Die Verkaufszahlen lagen bei 250.000. In Frankreich und Großbritannien waren es insgesamt 800.000. Der iTunes-Music-Store hatte somit einen Marktanteil von 75 % in Europa. Weltweit hat Apple pro Monat 17,8 Millionen Downloads, wobei 45 % des Umsatzes über komplette Alben entsteht. [28] Der Marktanteil ist im Oktober weit hinter den Anfangszahlen. Laut Media Control liegt der Marktanteil nun im Oktober 2004 unter 50 %. [29]

Bei einem Preis von 99 Cent fallen in Deutschland 15 Cent Mehrwertsteuer an, bleiben 84 Cent. Für die GEMA müssen 15 Prozent des Nettopreises, mindestens aber 25 Cent abgeführt werden. 20 Cent müssen für die Bezahl-Systeme investiert werden. Experten rechnen allerdings damit, dass diese Kosten mittelfristig auf etwa vier Prozent sinken werden. Die Kosten für die Service Provider liegen derzeit zwischen 15 und 20 Cent pro Titel. Dafür stellen die Provider die Server, Netzanbindung, Encoding und die E-Commerce-Infrastruktur zur Verfügung. Auch hier sollten auf Dauer niedrigere

Wie viel verdient wer bei 0,99 Cent Verkaufspreis:

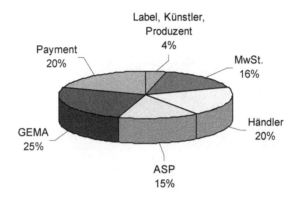

Abbildung 8 Verteilung der Online-Beträge

Preise realistisch sein. Mit 20 Prozent wird die Marge für den Handel angesetzt. [26]

Davon müssen unter anderem der Musikkatalog, Werbung und GEMA-Gebühren für die Soundclips finanziert werden. Bleiben ca. 4 Cent für die Plattenfirmen, Produzenten und die Künstler. Letztere sind, je nach Vertrag, mit 5 bis 50 Prozent am Umsatz beteiligt. Damit scheint ein Preis von 99 Cent eigentlich unrealistisch. Auf der anderen Seite wird mit höheren Preisen kein Massenmarkt zu erzielen sein. [27]

Es ist anzunehmen dass der Gewinn durch das oben genannte Rechnenbeispiel eher gering einzustufen ist.

Der iTunes-Music-Store ist für Apple vielmehr in erster Line ein Marketingvorteil, mit dem sie das Image des innovativen Vorreiters zu festigen versuchen. Nicht zuletzt, da der iTunes-Music-Store eng mit dem portablem

MP3-Player iPod zusammenarbeitet und dadurch den Absatz des iPod indirekt erhöht.

6.1.3 Downloadcharts

Seit September 2004 fließen in die offiziellen Verkaufszahlen auch die Verkäufe der Online-Music-Stores mit ein. Dadurch werden auch die Online-Verkäufe, die bisher ignoriert wuden, in die Chart-Zählung mit einbezogen. Dies stellt ein Mehrwert für die jeweiligen Künstler und Labels dar, die ihre Gewinne auch durch den Online-Vertrieb erwirtschaften.

Seit September 2004 werden von der Firma Media Control GfK die offiziellen Downloadcharts ermittelt,

Abbildung 9 Media Control Download-Charts

bei der die Verkäufe der Music Stores ermittelt werden. Ein weiteres Beispiel , dass das Konzept der Online-Music-Vertriebe immer wichtiger für die Konsumenten und Musik-Labels ist.

7 Fazit

Mit dem iTunes-Music-Store von Apple ist der Markt für Musicddownloads neu belebt worden und durch die zahlreich angekündigten und vorhandenen Konkurrenten ist in nächster Zeit ein Kampf um Marktanteile zu erwarten. Der iTunes-Musik-Store konnte eine Trendwende erreichen, weil erstmals ein labelübergreifendes Angebot mit akzeptablem DRM bei günstigen und überschaubaren Preisen dem Benutzer übersichtlich und ansprechend angeboten wurde. Apple hat nicht ein vollkommen neues Konzept entwickelt, sondern sich aus den Modellen anderer Online-Music-Stores bedient und ein benutzerfreundliches System mit einer einfachen und übersichtlichen Oberfläche gebildet, in dem auch sämtliche Funktionen, die man für den Musikbetrieb gebrauchen kann, integriert sind.

8 Quellenverzeichnis

[01]   Balzer, Frank: iTunes Alles für ihr Musikarchiv. bhv (2004)

[02]   http://www.heise.de/newsticker/result.xhtml?url=/newsticker/meldung/52827
        [Stand 24.11.2004]

[03]   http://www.spiegel.de/netzwelt/netzkultur/0,1518,250622,00.html [Stand 1.11.2004]

[04]   http://www.vnunet.de/testticker/Internet/article.asp?ArticleID=20041105012&
        Ref=testticker [Stand 29.11.2004]

[05]   http://www.MP3werk.de/news.php?uid=331 [Stand 20.11.2004]

[06]   http://www.time.com/time/2003/inventions/invmusic.html [Stand 18.11.2004]

[07]   http://www.zdnet.de/news/software/0,39023144,39122316,00.htm [Stand 18.11.2004]

[08]   Peter Lowe, Apple-Marketing
        http://www.media.nrw.de/magazin/archiv/1003/art06_itunes.php [Stand 25.11.2004]

[09]   http://www.computerbase.de/lexikon/ITunes_Music_Store [Stand 25.11.2004]

[10]   http://de.wikipedia.org/wiki/Digital_Rights_Management [Stand 22.11.2004]

[11]   http://www.computerbase.de/lexikon/Digital_Rights_Management [Stand 22.11.2004]

[12]   http://www.ecin.de/zahlungssysteme/onlinepayment/ [Stand 25.11.2004]

[13]   http://www.firstgate.de [Stand 25.11.2004]

[14]   http://www.t-pay.de [Stand 22.11.2004]

[15]   http://www.micromoney.de [Stand 22.11.2004]

[16]   http://www.paysafecard.com/de/de [Stand 22.11.2004]

[17]   http://www.heise.de/newsticker/meldung/49944 [Stand 25.11.2004]

[18]   http://www.faz.net/s/RubE2C6E0BCC2F04DD787CDC274993E94C1/
        Doc~E7A609EB21F0347CE82C2A99D4BA3C6B8~ATpl~Ecommon~Scontent.html
        [Stand 25.11.2004]

[19]   http://www.vnunet.de/testticker/Internet/article.asp?ArticleID=20041105012&Ref=
        testticker [Stand 28.11.2004]

[20]   http://www.popfile.de [Stand 25.11.2004]

[21]   http://www.pro-musicorg.de/musiconline/JKarticle.htm [Stand 29.11.2004]

[22]   http://www.apple.com/mpeg4/aac/ [Stand 5.12.2004]

[23]   http://www.mpex.net/news/archiv/00095.html [Stand 5.12.2004]

[24]   http://chris.scheer.bei.t-online.de/docs/scheer02_
        wertschoepfung_talk.pdf [Stand 1.12.2004]

[25]   http://www.heise.de/ct/04/12/096/ [Stand 1.12.2004]

[26]   http://momag.net/facts/display.php?slide=img/charts [Stand 21.09.2003]

[27]   http://www.heise.de/ct/04/12/096/ [Stand 1.12.2004]

[28]   http:www.heise.de/newsticker/meldung/51641 [Stand14.12.2004]

[29]   http://www.media-control.de [Stand14.12.2004]

[30]   http://www.musicwoche.de [Stand14.12.2004]

www.ingramcontent.com/pod-product-compliance
Lightning Source LLC
La Vergne TN
LVHW092347060326
832902LV00008B/861